ADONIS,

DIVERTISSEMENT EN MUSIQUE,

CHANTE'

DEVANT SA MAJESTE'

en 1696.

A PARIS,

Par CHRISTOPHE BALLARD, ſeul Imprimeur du Roy pour la Muſique, ruë S. Jean de Beauvais, au Mont-Parnaſſe.

M. DC. XCVI.

ACTEURS.

VENUS, *Amante d'Adonis.*

ADONIS, *Amant de Venus.*

MARS, *Rival d'Adonis.*

ÆGLÉ,
EUPHROSINE,
THALIE, } *Graces.*

EURIALE.
IDAS. } *Amis d'Adonis.*

Chœur des Suivants de Mars.

Chœur de Bergers & de Bergeres.

La Scene est dans un Bocage de l'Arabie heureuse.

ADONIS,

SCENE PREMIERE.

EURIALE, IDAS, CHOEUR de Bergers & de Bergeres.

EURIALE.

Ccourez, hastez-vous, Bergers; l'Astre du jour
Va ramener dans ce bocage,
L'aimable mere de l'Amour.

Vous, que sous son Empire un tendre zele engage,
Accourez, hastez-vous
Bergers, par vos chants les plus doux,
Venez luy rendre hommage.

IDAS.

C'est l'heureux Adonis qui l'attire icy bas;
Ses yeux ont enlevé le cœur de la Déesse
Au terrible Dieu des combats:
Quel triomphe pour sa tendresse!

EURIALE & IDAS.

Unissons nos voix,
Que chacun chante
La Divinité charmante,
Dont nous suivons les loix:
Unissons nos voix,
Que chacun chante
Le jeune Heros qui l'enchante.

CHOEUR.

Unissons nos voix,
Que chacun chante
La Divinité charmante,
Dont nous suivons les loix:
Unissons nos voix,
Que chacun chante
Le jeune Heros qui l'enchante.

DEUX BERGERES, & le petit Chœur.

Oiseaux, éveillez-vous; aux Echos d'alentour
Annoncez de Venus l'agréable retour:

ADONIS.

Que la Nature, pour elle,
Paroisse icy plus riante & plus belle ;
Que ces gazons, ces feüillages épais
Y reprennent tous les attraits
De la saison nouvelle.

UNE BERGERE, & le Chœur.

L'heureux séjour
Que ces bocages !
L'heureux séjour
Pour nostre amour !
Fuyez, fuyez, Beautez sauvages,
Ne troublez point nos plaisirs les plus doux :
Que craignons-nous ?
Ces verds ombrages
Cachent nos jeux aux yeux de nos jaloux.

PETIT CHOEUR de Bergeres.

Recommencez nos Chansonnettes,
Echos de ces vallons ;
Ranimez les doux sons
De nos Musettes.

UNE BERGERE.

Si vous ne répondiez aux amoureux regrets
Des Bergers qui vous font entendre leur martire ;
Echos, dans vos antres secrets,
Vous n'auriez souvent rien à dire.

UNE AUTRE BERGERE.

Vous avez trop longtemps répété nos soûpirs ;
Puisqu' Amour calme enfin nos craintes inquiettes,
Echos, du bruit de nos plaisirs
Faites retentir ces retraites.

PETIT CHOEUR de Bergeres.

Recommencez nos Chansonnettes,
Echos de cés vallons:
Ranimez les doux sons
De nos Musettes.

EURIALE.

J'apperçois Adonis. Confidens des beaux feux
Qui regnent dans son ame,
Redoublez vos vœux
Pour la Déesse qui l'enflâme

PETIT CHOEUR.

Unissons nos voix
Que chacun chante
La Divinité charmante,
Dont nous suivons les loix:
Unissons nos voix,
Que chacun chante
Le jeune Heros qui l'enchante.

SCENE DEUXIE'ME.

ADONIS, EURIALE, IDAS, CHOEUR.

ADONIS.

AH! n'offrez qu'à Venus ces honneurs ſolemnels,
Voſtre bonheur eſt ſon ouvrage:
Trop de zele pour moy vous rendroit criminels;
Les Dieux, entre eux & les mortels,
Ne ſouffrent point qu'on ſe partage.

CHOEUR.

Uniſſons nos voix;
Que chacun chante
La Divinité charmante,
Dont nous ſuivons les loix.

ADONIS.

Des plus rares parfums qui naiſſent en ces lieux,
Faites à la Déeſſe un pompeux ſacrifice:
Pour nos bois fortunez, elle quitte les Cieux;
Eſt-il quelque hommage, qui puiſſe
Payer un choix ſi glorieux?

EURIALE.

La Mere des Amours laiſſe au reſte des Dieux,
Ces tributs éclatants, qu'un vain reſpect anime:

Vostre cœur, Adonis, est la seule victime
Que vous demandent ses beaux yeux.

UNE BERGERE.

Pour mieux s'unir à ce qu'il aime,
L'Amour quitte souvent l'éclat d'un rang suprême:
Trop de respect alors ne sert qu'à l'irriter,
Et rien ne peut le contenter
Que l'Amour mesme.

ADONIS.

J'aime; rien n'est plus doux pour moy que la tendresse
Qu'allume dans mon cœur l'adorable Venus;
Mais, loin de ses appas, des remords inconnus
Me viennent en secret reprocher ma foiblesse.

Languiray-je toûjours dans le sein de l'Amour,
Indigne des Lauriers que m'offre la victoire?
Dois-je voir quand le sort me privera du jour
Expirer avec moy mon nom & ma memoire?

Quelle honte! ah! du moins je prétens à mon tour
M'ouvrir une route à la gloire.

CHOEUR.

Hastez-vous, volez sur les pas
De Bellone qui vous appelle:
Allez, jeune Heros, allez dans les combats
Couronner une ardeur si belle.

IDAS.

IDAS.

Toûjours heureux, toujours vainqueur,
Puissiez-vous vaincre Mars luy-mesme!
Ce Dieu guerrier vous dispute le cœur
De la Déesse qui vous aime:
Pour l'en bannir, c'est peu d'une tendresse extrême,
Il faut une extrême valeur.

UNE BERGERE.

Il est doux d'enflammer d'une ardeur mutuelle,
Un jeune Objet, à qui jamais
L'Amour ne fit sentir ses traits:
Mais arracher une Beauté fidele
Aux nœuds d'un tendre engagement;
Est-il, en aimant,
De conqueste plus belle?
Est-il, en aimant,
De plaisir plus charmant?

UNE AUTRE BERGERE.

Pour tous les cœurs, si-tôt qu'il les enchante,
Pour tous les cœurs
L'Amour a des faveurs:
Mais leur douceur est cent fois plus touchante,
Lorsqu'elle coute quelques soins;
Mais leur douceur est cent fois plus touchante,
Lorsqu'on en a ses Rivaux pour témoins.

EURIALE.

On vous flatte, Adonis : voyez où vous entraîne
Un aveugle transport :
Du plus cruel des Dieux vous irritez la haine ;
Ah ! c'est vous livrer à la mort !

ADONIS.

Venus m'aime : c'est le seul crime
Qui contre moy déchaîne un Rival furieux :
Mais, dût-il m'immoler au courroux qui l'anime,
Que ne suis-je, à ce prix, plus coupable à ses yeux !

IDAS.

Quelle terreur, quelles allarmes
Peuvent troubler un cœur, que la gloire & l'amour
Rassurent tour à tour ?
Quelles allarmes,
Quelle terreur
Peut ébranler un cœur,
Pour qui le péril a des charmes ?

ADONIS.

Non, non, ne craignons rien ; cher Idas, je consens
Qu'un Rival jaloux me haïsse ;
Pourveu que son estime, en secret, applaudisse
A mes exploits naissants.

On entend une Simphonie plaintive.

Mais qu'entens-je ?... Ecoutons... quels lugubres accents !...

PETIT CHOEUR de Bergers & de Bergeres derriere le Theatre.

O destin rigoureux ! ô ravage effroyable !

ADONIS.

Quels cris, quelles plaintives voix,
Font gémir l'Echo de ces bois !

SCENE TROISIEME.

ADONIS, EURIALE, IDAS, CHOEUR de Bergers & de Bergeres affligées.

PETIT CHOEUR.

O Destin rigoureux ! ô ravage effroyable !

UNE BERGERE.

Contre ces climats malheureux,
Le Ciel impitoyable
Déchaîne un monstre affreux :
O ravage effroyable !

PETIT CHOEUR.

O ravage effroyable !

CHOEUR.

Fuyons le Monstre, sauvons-nous
De sa dent redoutable :

Fuyons le Monſtre, ſauvons-nous
De ſes funeſtes coups.

UNE BERGERE.

Triſte ſort, Peuple miſerable!

Helas! dans nos foreſts
Tout périt, tout expire!
Le Monſtre furieux brave nos foibles traits:
Helas! dans nos foreſts
On n'entend plus que les regrets,
Des infortunez qu'il déchire.

CHOEUR.

Fuyons le Monſtre, ſauvons-nous
De ſa dent redoutable:
Fuyons le Monſtre, ſauvons-nous
De ſes funeſtes coups.

UNE BERGERE.

Si de quelque pitié voſtre ame eſt attendrie,
Jeune Heros, de ce mortel danger
Délivrez la triſte Arabie;
C'eſt vous ſeul qui pouvez vanger
Les malheurs de voſtre patrie.

ADONIS.

Oüy, du Monſtre je dois arreſter la furie,
Il faut le combattre, & j'y cours;

ADONIS.

Trop heureux si je puis, au dépens de ma vie,
Terminer de vos maux le déplorable cours!

Adonis sort à la teste des Bergers, Venus survient; ils se retirent, & le laissent avec elle.

SCENE QUATRIE'ME.

VENUS, ADONIS, EUPHROSINE, THALIE.

VENUS.

Ciel! que voy-je? arrestez, mon amour vous l'ordonne:
Cher Adonis, à quels perils, helas!
Vostre pitié vous abandonne?

ADONIS.

C'est vous, belle Déesse? ah! souffrez que mon bras
En terrassant le Monstre, à vos yeux me couronne.

VENUS.

J'ay fait sur ce ravage interroger le Sort:
J'attends sa fatale réponse:
Mais quoy que son courroux prononce,
Devez-vous courir à la mort?

ADONIS.

En craindrois-je les coups?

VENUS.

Qu'entens-je? je frissonne;

Demeurez.

ADONIS.

Je ne puis.

VENUS.

Non, vous ne m'aimez pas.

ADONIS.

Je vous aime, & bien-tost dissipant vos allarmes,
Je reviens icy vous offrir
Un cœur plus digne de vos charmes:

Croyez-en mon espoir.

VENUS.

Rendez-vous à mes larmes.

Songez que le destin me défend de mourir,
Et que sans vous, cruel, je ne puis vivre.

ADONIS.

Au nom de nostre amour, laissez-vous attendrir.

ADONIS & VENUS.

Au nom de nostre amour, { *cessez de m'* / *laissez-vous* } *attendrir.*

ADONIS.

Au Monstre, à ses fureurs voulez-vous que je livre
Des peuples que ma foy m'engage à secourir?

VENUS.

Ce cœur, qui pour eux s'interesse,
Sensible à la seule pitié,
Ne doit-il rien à la tendresse?
Helas! il a tout oublié!

ADONIS.

Que ce soupçon me fait une cruelle injure?

Pour suivre du Devoir les justes mouvements,
Un Amant devient-il parjure?
Ne peut-il dérober au moins quelques moments,
A l'amour jaloux qui murmure?

Ne condamnez plus mon ardeur.

VENUS.

Défaites-vous de vostre erreur.

Du Devoir importun l'ordre le plus austere,
Si l'Amour y consent, peut bien estre écouté;
Mais quand l'Amour est irrité,
Le Devoir soûmis doit se taire.

Prenez, prenez enfin des sentimens plus doux;
Laissez.... Æglé revient; Dieux qu'à-t'elle à me dire?

SCENE CINQUIE'ME.

VENUS, ADONIS, ÆGLE', & les deux autres Graces.

ÆGLE'.

Dissipez la frayeur que l'Amour vous inspire;
Tout se déclare enfin pour vous.

Le Sort, dont l'ordre icy par ma bouche s'exprime,
Des cruautez du Monstre a suspendu le cours:
Il accorde à sa rage encor une victime,
Et de ces lieux calmez l'éloigne pour toûjours.

VENUS.

De quelle horreur suis-je saisie?
Quel funeste présage? une victime, hélas!
C'est Mars qui retient seul le Monstre en ces climats.
Fuyez, cher Adonis, évitez sa furie.

ADONIS.

Quelle lâcheté, que je fuye!
Je verrois mon Rival joüir de mon effroy?
Ah, plûtost mille fois renoncer à la vie!

VENUS.

Cruel, conservez-là pour moy.

ADONIS.

ADONIS.

Ma gloire en gémiroit.

VENUS.

N'écouterez-vous qu'elle?

ADONIS.

Vos soûpirs dangereux ont trop sceu me toucher:
Dieux! il m'en coûteroit une honte éternelle!
De vous, de vos appas il me faut arracher;
Je vous quitte, je vais....

VENUS.

Ah! c'en est trop, Perfide;
Ton cœur qui me méprise, & me manque de foy,
En veut moins au Monstre qu'à moy:
Tu me fuis! hé bien, suy le transport qui te guide,
Et brise tous les nœuds qui m'unissoient à toy.

L'excés de mon ardeur t'importune & t'outrage;
Mes pleurs, mon desespoir n'ont pu te retenir;
Mais n'en croy pas du moins triompher davantage:
Le Monstre est prest à te punir;
Va, puisse-t'il!... helas! quelle indigne foiblesse
Malgré tout mon courroux rappelle ma tendresse?
Ingrat!...

ADONIS.

Qu'entens-je? hé! quoy, contre mes triſtes jours
Du Monſtre vous armez la fureur inhumaine;
Ah! ſans ſon funeſte ſecours,
Si vous m'abandonnez, ma mort eſt trop certaine.

VENUS.

Vivez, rendez le calme à mon cœur allarmé.

ADONIS.

Puis-je vivre avec voſtre haine?

VENUS.

Vivez, Ingrat, vivez pour eſtre aimé.

ADONIS.

Aimé! Dieux, quel ſuccez d'une ſi dure peine!

Doux tranſports d'une heureuſe ardeur,
Revenez, chaſſez de mon cœur
Le noir chagrin qui le dévore.

En vain les traits cruels d'une injuſte rigueur
Ont armé contre moy la Beauté que j'adore;
A mes ſoupirs, à ma langueur
Elle cede, elle m'aime encore.

Doux tranſports d'une heureuſe ardeur,
Revenez, chaſſez de mon cœur
Le noir chagrin qui le devore.

ADONIS.

Adorable Déesse, heureux le prompt retour,
Qui me redonne vostre amour!

VENUS.

Contre un amant que l'on soupçonne
On éclate, on cherche à s'aigrir;
Mais si-tost qu'on le voit souffrir,
Qu'aisement on luy pardonne!

Périsse nostre vain courroux!

ADONIS.

Puisse-t'il augmenter nostre tendresse extrême!

VENUS & ADONIS.

Est-il un sort plus doux,
Que de vivre pour ce qu'on aime?
Est-il un sort plus doux,
Que de vivre pour vous?

ADONIS.

Vous, qu'avoit éloignez une frayeur mortelle,
Bergers, ne craignez-plus le Monstre & ses fureurs:
Revenez, chantez les douceurs
De nostre amour fidele.

SCENE SIXIE'ME.

VENUS, ADONIS, LES GRACES, Chœur de Bergers & de Bergeres.

CHOEUR.

Aimez, goûtez le fruit de vos tendres soûpirs;
Qu'une flamme toûjours nouvelle
Ranime, à tout moment, vos plus ardents desirs;
Aimez, qu'une paix éternelle
Fasse couler vos jours dans le sein des plaisirs.

UNE GRACE, & LE CHOEUR.

Qu'Amour est une aimable folie!
Sans ses feux, quel tourment que la vie!
Avec nous, Jeunes Cœurs,
Partagez ses douceurs.

DEUX GRACES, & le petit CHOEUR.

On se plaint quelquefois dans ses chaînes;
Mais ces plaintes n'ont rien qui vous doive effrayer:
Quand l'Amour causeroit mille peines,
Un seul de ses plaisirs suffit pour les payer.

UNE GRACE, & le petit CHOEUR.

Doux chagrins, agréables allarmes!
Que le trait qui nous blesse a de charmes!

ADONIS.

Qui les sent une fois craint de trop peu souffrir;
Qui les sent une fois ne veut jamais guérir.

On entend un bruit de Simphonie guerriere.

VENUS.

Interrompez vos chants. Quel bruit? quels sons terribles
Font retentir ces lieux paisibles?
On approche: c'est Mars!
Fuyez, cher Adonis, évitez ses regards.

CHOEUR.

C'est Mars, l'impitoyable Mars,
Fuyons, évitons ses regards.

SCENE SEPTIE'ME.

VENUS, MARS, LES GRACES, Suite de Mars.

MARS.

ME fuirez-vous toûjours, ingrate que vous estes?
Croyez-vous me cacher, à l'ombre de ces lieux
L'ardeur de vos flâmes secrettes?

Non, non, il n'est point de retraites,
Que ne perce un Amant jaloux & curieux.

VENUS.

D'où vous viennent pour moy ces nouvelles allarmes?
N'aviez-vous pas juré de ne m'aimer jamais?
Pourquoy, lorsque je goûte une innocente paix,
En venez-vous troubler les charmes?

MARS.

En vain pour me vanger
De vostre ardeur nouvelle,
J'ay tenté de me dégager:
Je vous revois, & sans songer
Que vous n'estes qu'une infidele,
Helas! je vous trouve trop belle
Pour me resoudre à changer.

VENUS.

Les soins de mon ardeur sincere,
Jusqu'icy n'ont fait qu'enflammer
Vos soupçons & vostre colere:
Vous m'avez fait cesser d'aimer;
Ne prétendez-pas ranimer
Les soins de mon ardeur sincere.

MARS.

Vous m'accusez, mais ce détour
Ne vous rend pas plus excusable:
Perfide, si je suis coupable,
Non, ce n'est que de trop d'amour!

VENUS.

Partage qui voudra la chaîne
D'un amant bizare & jaloux:
Mon cœur craint encor moins la haine,
Que l'Amour toujours en courroux.

MARS.

Le bonheur d'un Rival m'accable,
Et fait tout mon crime à vos yeux:
Si vous le trouviez moins aimable,
Je vous ſerois moins odieux.

VENUS.

S'il eſt vray que je vous haïſſe,
Ah! ne vous en prenez qu'à vous!
L'Amour eſt un plaiſir ſi doux,
Deviez-vous m'en faire un ſupplice?

MARS.

Eſt-il pour m'accabler de plus ſenſibles traits?
Quoy! vous me reprochez, Ingrate,
Tous les maux que vous m'avez faits!
C'en eſt trop; il eſt temps que ma vangeance éclate,
Et de mon lâche cœur vous chaſſe pour jamais.

MARS & le CHOEUR de la ſuite de Mars.

La fureur qui ſe ſent contraindre,
N'eſt que plus prompte à s'allumer:
Si Mars n'a pu ſe faire aimer,
Tremblez, il peut ſe faire craindre.

MARS.

Que l'Enfer déchaîné s'empresse à me vanger;
Que sa rage punisse
Vostre injustice;
Que tout s'arme pour le supplice
Du Rival qui m'ose outrager.

CHOEUR.

La fureur qui se sent contraindre,
N'est que plus prompte à s'allumer;
Si Mars n'a pu se faire aimer,
Tremblez, il peut se faire craindre.

VENUS.

Ciel! quel transport? helas! vous est-il donc permis,
Barbare, de punir ce mortel trop aimable,
D'un crime qu'il n'a point commis?

MARS.

Et c'est vostre pitié qui le rend plus coupable:
Vous l'aimez trop tendrement;
Il faut que vostre amour fasse vostre tourment.

VENUS.

Ah! quelle vangeance effroyable!

MARS.

Présente au coup fatal qui doit le déchirer,
Je veux que mille fois le désespoir vous tuë:
Perfide, c'est à vostre veuë
Que vostre Amant doit expirer.

SCENE

SCENE HUITIE'ME.

VENUS, & LES GRACES.

VENUS.

LE Cruel ! il me fuit, & court à la vengeance !
Grand Dieu, pour qui cent fois ma tendre complaisance
A fléchy le courroux des rebelles Amours ;
C'est à vous, Jupiter, c'est à vostre puissance,
Que mon cœur tremblant à recours.
Défendez mon Amant, prenez soin de ses jours.

ÆGLE'.

En regrets superflus cessez de vous répandre ;
S'il est encor quelque espoir de secours,
C'est de vos seuls appas que vous devez l'attendre.
Suivez Mars.

VENUS.

Il me hait.

ÆGLE'.

Il vous aime toûjours.

A son cœur irrité, faites sentir le charme
De vos regards flatteurs & doux :
Pour vaincre d'un Amant le plus ardent courroux,
Il ne faut souvent qu'une larme.

VENUS.

Non, non, mes foibles pleurs ne feront que l'aigrir:
Pour sauver ce que j'aime, il luy faut tout offrir.

Chere Æglé, va, dy-luy.... Je tremble... quelle gêne!
Dy-luy, que s'il renonce aux fureurs de sa haine,
Mon cœur, mon triste cœur, luy promet à son tour
D'éteindre pour jamais un malheureux amour.

Æglé fort.

SCENE NEUFVIE'ME.

VENUS, ET DEUX DES GRACES.

VENUS.

Q'ay-je promis? helas! funeste sacrifice!
Je sens que je succombe à l'horreur de tes coups:
Adonis, je vivray sans vous?
Quelle cruauté! quel supplice!

UNE GRACE.

Qu'un cœur forcé de se trahir,
Soûtient mal-aisement la feinte!
Est-ce au tendre amour d'obeïr
Aux loix que luy donne la crainte?

VENUS.

Victime des rigueurs d'une barbare loy,
En vain je me fais violence:
Je ne puis brûler que pour toy,
Cher Amant!... Mais que vois-je?... Ah! c'est luy qui s'avance.

SCENE DIXIE'ME ET DERNIERE.

VENUS, LES GRACES, ADONIS, Suite d'Adonis.

CHOEUR DE BERGERS, ET DE BERGERES.

VENUS.

QVel bonheur, Adonis, nous rassemble en ces lieux?

ADONIS soûtenu par Idas & Euriale.

Helas!

VENUS.

Dieux! que m'apprend cette extrême foiblesse?
C'est vostre sang qui coûle, ô Dieux!
Que horrible spectacle!

ADONIS.

Adorable Déesse,
En vain contre les coups du Monstre furieux,
Mon bras a défendu mes jours & ma tendresse;
Je vous pers: trop heureux, que sa rage me laisse
La fatale douceur de mourir à vos yeux.

VENUS.

Non, je ne reçois point vos funestes adieux.

ADONIS.

Que sert qu'à la clarté vostre amour me rappelle?
Je sens déja, je sens qu'une nuit éternelle
A mes regards mourants va cacher vos appas.

VENUS & ADONIS.

O malheureux amour! ô rigoureux trépas!
Faut-il me séparer de tout ce que j'adore?

VENUS.

Ah! du moins...

ADONIS.

C'en est fait, belle Déesse, helas!
Je meurs, & je vous aime encore.

VENUS.

Il expire, & je vis; ô sort injuste sort,
Quelle est ta barbarie!
Tu livres mon amant aux horreurs de la mort,
Et tu m'enchaines à la vie!

ÆGLÉ.

Pleurez Plaisirs, pleurez Amours,
Pleurez Bergers, que de vos larmes
Rien n'arreste le cours :
L'impitoyable Dieu des armes,
De l'aimable Adonis a fait trancher les jours.

CHOEUR.

Pleurons, pleurons, que de nos larmes
Rien n'arreste le cours :
L'impitoyable Dieu des armes,
De l'aimable Adonis a fait trancher les jours.

VENUS.

Que pour mon triste cœur vos regrets ont de charmes!

Soupirez, plaignez-vous ; par vos cris & vos pleurs
Entretenez mes mortelles douleurs.

Helas aprés le coup funeste,
Dont Adonis vient de mourir,
Toujours gémir, toujours souffrir,
Est l'unique bien qui me reste !

Soupirez, plaignez-vous, par vos cris & vos pleurs
Entretenez mes mortelles douleurs.

CHOEUR.

Pleurons, pleurons, que de nos larmes
Rien n'arreſte le cours:
L'impitoyable Dieu des armes
De l'aimable Adonis a fait trancher les jours.

FIN.

www.ingramcontent.com/pod-product-compliance
Ingram Content Group UK Ltd.
Pitfield, Milton Keynes, MK11 3LW, UK
UKHW020220180726
13838UKWH00005B/2111